ANDRÉ LUÍS KAWAHALA

Terço dos homens

Uma razão em nossa fé,
para uma fé com mais razão

Dados Internacionais de Catalogação na Publicação (CIP)
(Câmara Brasileira do Livro, SP, Brasil)

Kawahala, André Luís
Terço dos homens : uma razão em nossa fé, para uma fé com mais razão / André Luís Kawahala. – São Paulo : Paulinas, 2016. – (Coleção vida cristã)

ISBN 978-85-356-4225-4

1. Livros de oração e devoção 2. Meditação 3. Terço (Cristianismo) 4. Terços (Religião) I. Título. II. Série.

16-07615 CDD-342.7

Índice para catálogo sistemático:

1. Terço para homens : Orações : Cristianismo 342.7

Direção-geral: *Bernadete Boff*
Editora responsável: *Andréia Schweitzer*
Coordenação de revisão: *Marina Mendonça*
Copidesque e revisão: *Ana Cecilia Mari*
Gerente de produção: *Felício Calegaro Neto*
Capa e diagramação: *Manuel Rebelato Miramontes*

1ª edição – 2016
4ª reimpressão – 2023

Paulinas

Rua Dona Inácia Uchoa, 62
04110-020 – São Paulo – SP (Brasil)
Tel.: (11) 2125-3500
http://www.paulinas.com.br
editora@paulinas.com.br
Telemarketing e SAC: 0800-7010081

Sumário

Abreviações de documentos 5

Introdução 7

Um apelo aos cristãos 9

Rezando o terço 21

Mistérios gozosos: segunda-feira e sábado 27

Mistérios luminosos: quinta-feira 33

Mistérios dolorosos: terça e sexta-feira 39

Mistérios gloriosos: quarta-feira e domingo 45

Orações 51

Abreviações de documentos

CELAM – Conferência Episcopal Latino Americana – 1997

CIC – Catecismo da Igreja Católica

DAp – Documento de Aparecida

LG – Constituição dogmática *Lumen Gentium* – Concílio Ecumênico Vaticano II – 1965

MD – Constituição apostólica *Munificentissimus Deus* – definição do dogma da Assunção de Nossa Senhora em corpo e alma ao céu – Papa Pio XII – 1950

RVM – Carta apostólica *Rosarium Virginis Mariae* – São João Paulo II – 2002

Introdução

Aprendi a rezar o terço ainda criança, com meus pais. Minha mãe, que havia participado de movimentos marianos na adolescência e juventude, me ensinou a rezar esse devocional de nossa fé.

Rezar o terço não é sinal de fraqueza, muito menos de santidade já adquirida, mas sim reconhecer a força de Deus e a validade da santidade de Maria, aquela que foi escolhida para ser a mãe do Salvador, Jesus, o Cristo, e que, por isso, alcança para nós muitas graças pela sua poderosa intercessão.

Conheço a realidade do Movimento Mariano do Terço dos Homens e sua importância pastoral na busca e acolhida dos homens, hoje tão dispersos e desconectados de Deus. O Pai os espera e, por isso, é preciso ir até eles independentemente de onde e em que condições estejam. Os movimentos constituídos, dos quais falarei adiante, têm seu material próprio, suas regras e normas. Mas acredito que, em nossa Igreja Una, Santa, Católica, Apostólica e Romana, existe bastante espaço para o Evangelho e para o serviço pastoral diverso, de forma que possa fazer alargar os limites do Reino, mas sem perder a unidade.

Apresento, portanto, este pequeno subsídio para ajudar e contribuir com todos os grupos de terço dos homens que já estão organizados, assim como espero que outros grupos possam formar-se com a finalidade de reconhecer a santidade de Nossa Senhora, e com ela encontrar o caminho para o coração misericordioso de Jesus, o Filho amado de Deus, o Filho amado de Maria Santíssima.

Que, pelo mistério da encarnação, vida, pregação, morte de cruz e ressurreição de Cristo, possamos encontrar em nossa vida o refrigério e a esperança de dias melhores, crendo que o Reino de Deus, anunciado por Jesus, possa começar aqui.

Um apelo aos cristãos

Santa Maria, Mãe de Deus

"Maria foi exaltada pela graça de Deus acima de todos os anjos e de todos os homens, logo abaixo de seu Filho, por ser a Mãe Santíssima de Deus e, como tal, haver participado nos mistérios de Cristo: por isso, a Igreja a honra com culto especial. Na verdade, já desde os tempos mais antigos, a Bem-aventurada Virgem é venerada com o título de 'Mãe de Deus', e os fiéis sob sua proteção, recorrendo com súplicas, refugiam-se em todos os perigos e necessidades" (LG, 66).

Este trecho da *Lumen Gentium* revela o amor que a Igreja guarda pela Mãe de Deus. Mostra também o lugar de Maria dentro da caminhada de fé dos católicos: acima dos anjos, mas abaixo de Deus. Ao manifestarmos devoção a Maria, não queremos colocá-la no lugar de Deus, mas mostrar que, sem o "faça-se em mim segundo a tua Palavra" ("fiat"), com que ela atenciosa e prontamente respondeu a Deus, através do arcanjo Gabriel, a nossa salvação teria outro itinerário. Portanto, a Virgem Maria "cooperou para a salvação humana com livre fé e obediência" (cf. CIC, 494, 511; cf. LG, 56) e, por isso, ganhou o céu sendo a primeira a experimentar a ressurreição prometida a todos nós (cf. CIC, 966).

São João Paulo II lembra no *Rosarium Virginis Mariae* que a Mãe de Jesus, nos últimos dois séculos, manifestou-se de maneira admirável diante do povo de Deus. Tanto em Fátima, em Portugal, quanto em Lourdes, na França – dois momentos reconhecidos pela Igreja como legítimos –, Maria Santíssima exortou os fiéis a rezarem o rosário.

Por meio de Maria é possível chegar mais perto de Jesus. Não somente porque ela é a Mãe, mas porque foi a primeira a agir conforme a vontade de Deus e, por isso, é exemplo de como devemos viver.

Assim, ao oferecermos o terço à Virgem Santíssima, Maria, Mãe de Deus, estamos carinhosamente nos aproximando daquela que nos foi dada como Mãe, pois na cruz o Senhor Jesus assim declarou ao discípulo amado: "Eis a tua mãe!" (Jo 19,27), logo depois de dizer à Virgem: "Mulher, eis o teu filho!" (Jo 19,26).

"Com efeito, a Virgem Maria é reconhecida e honrada como a verdadeira Mãe de Deus e do Redentor. Ela é também verdadeiramente 'Mãe dos membros [de Cristo], porque cooperou pela caridade para que na Igreja nascessem os fiéis que são os membros dessa Cabeça'"; "Maria, Mãe de Cristo, Mãe da Igreja" (CIC, 963).

Qual a mãe que não se sensibiliza quando um filho, por mais indigno que seja, se arrepende de seus erros e pede perdão, com amor?

Seja pela paz ou pela unidade dos povos, a oração é, antes de tudo, um forte apelo para que os cristãos voltem o olhar para o Cristo, vejam seu rosto, que traduz a mensagem evangélica do amor, da misericórdia e do perdão, e se convertam em suas verdadeiras testemunhas.

O motivo de se chamar terço

Recebeu esse nome por ser a terça parte do rosário, que continha 150 Ave-Marias, distribuídas em 15 mistérios:

- *Gozosos*: da alegria de Maria Santíssima pela anunciação e encarnação do Verbo;
- *Dolorosos*: da dor pelo sofrimento da Paixão do Senhor Jesus;
- *Gloriosos*: da glória da ressurreição e ascensão de Jesus e da assunção e coroação de Maria, Nossa Senhora.

Mas isso foi antes de São João Paulo II ter entregado à Igreja, em 16 de outubro de 2002, a Carta apostólica *Rosarium Virginis Mariae* (O rosário da Virgem Maria), onde ele mesmo diz: "De tantos mistérios da vida de Cristo, o rosário, tal como se consolidou na prática mais comum confirmada pela autoridade eclesial, aponta só alguns. Tal seleção foi ditada pela estruturação originária desta oração, que adotou o número 150 como o dos Salmos".

"Considero, no entanto, que, para reforçar o aspecto cristológico do rosário, seja oportuna uma inserção que, embora deixada à livre valorização de cada pessoa e das comunidades, lhes permita abraçar também os mistérios da vida pública de Cristo entre o batismo e a Paixão. Com efeito, é no âmbito destes mistérios que contemplamos aspectos importantes da pessoa de Cristo, como revelador definitivo de Deus. Foi ele que, declarado Filho dileto do Pai no batismo do Jordão, anunciou a vinda do Reino, testemunhou-a com as obras e proclamou as suas exigências. É nos anos da vida pública que o mistério de Cristo se mostrou de forma especial como mistério de luz: 'Enquanto estou no mundo, sou a Luz do mundo' (Jo 9,5)" (RVM, n. 19).

Assim, a partir de então, com a inserção dos 5 mistérios luminosos (ou mistérios da luz), o terço continuou tendo o mesmo nome, mas passou a representar um quarto do rosário, que possui 200 Ave-Marias, em 20 mistérios.

O instrumental do terço

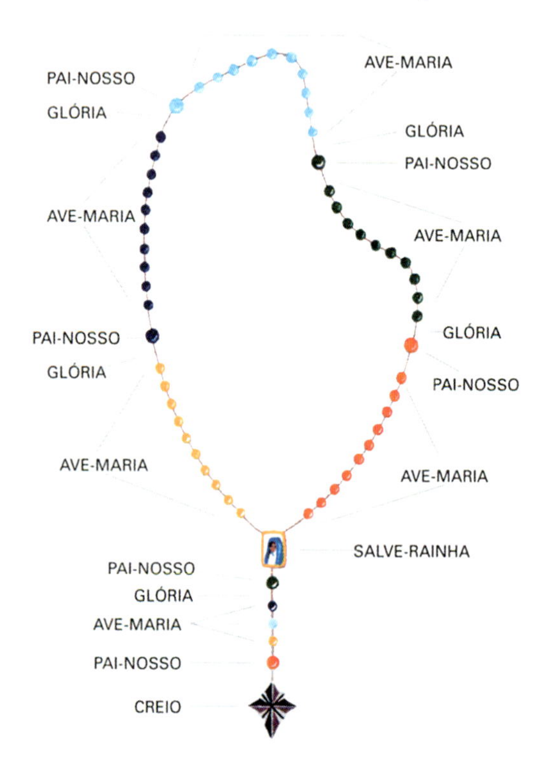

A cruz: "A pregação da cruz é loucura para os que se perdem, mas para os que são salvos, para nós, ela é força de Deus" (1Cor 1,18).

"Fora da cruz não existe outra escada por onde subir ao céu" (Santa Rosa de Lima, *Vita mirabilis*, Louvain, 1668).

O maior sinal de nossa fé é a cruz. Antes um instrumento de morte, seu significado foi transformado pela morte do Cristo. Sem a cruz não haveria a ressurreição. E sem ela não existiria a possibilidade de salvação.

"Sua sanctissima passione in ligno crucis nobis iustificationen meruit" (Por sua santíssima Paixão no madeiro da cruz mereceu-nos a justificação), ensina o Concílio de Trento, sublinhando o caráter único do sacrifício de Cristo como "princípio de salvação eterna" (CIC, 617).

"A cruz é o único sacrifício de Cristo, 'único mediador entre Deus e os homens'" (cf. 1Tm 2,5; CIC, 618).

Por isso, no terço está a cruz e, quando a seguramos em nossas mãos, somos convidados a professar o Creio. E por quê? Porque não há sentido em rezar o terço sem antes reafirmarmos nossa fé. Ao dizer que acreditamos, abrimos as portas para que os mistérios que serão rezados penetrem não somente em nossa memória, mas em todo o nosso ser, de uma forma que possam transbordar em nossa vida pela imitação da oferta de vida de Maria Santíssima e da infinita caridade de Jesus Cristo.

As cinco contas: duas grandes e, entre elas, três pequenas. As cinco contas entre a cruz e a medalha nos convidam a exaltar a Santíssima Trindade: Pai e Filho e Espírito Santo. Nessas contas, nos lembramos de Deus, "que em seu mistério mais íntimo não é uma solidão, mas uma família" (cf. DAp, 434) e, por isso, somos impelidos a lembrarmo-nos de nossa família.

Ao rezarmos 1 Pai-Nosso, 3 Ave-Marias e o Glória dedicados à Trindade Santa, estamos louvando a Deus e invocando sua proteção à nossa própria família.

A medalha: alguns terços trazem uma medalha com um santinho separando as cinco contas das demais 55. Essa medalha, em geral, nos apresenta um ícone que mostra algum dos títulos de Maria, Nossa Senhora. Mas há vários terços que trazem ícones e imagens de outros santos e, às vezes, o símbolo de algum movimento ou pastoral. Essas imagens nos remetem ao significado e ao sentido da oração. Se a imagem é de um santo, rezamos para alcançar para nossa vida os exemplos daquele modelo de santidade. Se a imagem é de um movimento ou de uma pastoral, ela ali está para nos lembrar de que os trabalhos terrenos, feitos em nome de Deus, necessitam de nossa oração para que continuem sendo feitos conforme a vontade dele e para que as forças do mal não prevaleçam sobre os que se esforçam para fazer a vontade divina.

Os cinco grupos de contas: é onde propriamente faremos nossa oração. Cada grupo representa um mistério. São esses mistérios que refletiremos a seguir, um a um, para ajudar a compreender como o terço é o "compêndio do Evangelho" (cf. RVM, n. 18-19).

Pedir ou agradecer?

Ambas as coisas são legítimas. É preciso compreender que a oração é uma forma de contato com Deus. E a oração do terço nos coloca em contato com ele através da poderosa intercessão de nossa Mãe Maria, que por seu Filho Jesus nos alcança as graças de que necessitamos. Lembram-se do episódio das bodas de

Caná? Lá, no Evangelho segundo São João, no capítulo 2, versículos 1 a 12, encontramos a referência da pronta intercessão de Nossa Senhora por nós. Ela é sempre atenta!

Algumas referências bíblicas confirmam que devemos pedir sem nos cansarmos: "Pedi e vos será dado! Procurai e encontrareis! Batei e a porta vos será aberta! Pois todo aquele que pede recebe, quem procura encontra, e a quem bate, a porta será aberta. Quem de vós dá ao filho uma pedra, quando ele pede um pão? Ou lhe dá uma cobra, quando ele pede um peixe? Ora, se vós, que sois maus, sabeis dar coisas boas aos vossos filhos, quanto mais vosso Pai que está nos céus dará coisas boas aos que lhe pedirem!" (Mt 7,7-11).

"Tudo o que, na oração, pedirdes com fé, vós o recebereis" (Mt 21,22).

Às vezes, ficamos pensando que Deus não se incomodaria com pedidos pequenos, triviais, com coisas de nosso dia a dia. Isso é um grande engano, pois, no Evangelho segundo São Lucas, encontramos a passagem que diz: "E Jesus acrescentou: 'Imaginai que um de vós tem um amigo e, à meia-noite, procura-o, dizendo: 'Amigo, empresta-me três pães, pois um amigo meu chegou de viagem e nada tenho para lhe oferecer'. O outro responde lá de dentro: 'Não me incomodes. A porta já está trancada. Meus filhos e eu já estamos deitados, não posso me levantar para te dar os pães'. Digo-vos: mesmo que não se levante para dá-los por ser seu amigo, vai levantar-se por causa de sua impertinência e lhe dará quanto for necessário. Portanto, eu vos digo: pedi e vos será dado; procurai e encontrareis; batei e a porta vos será aberta. Pois todo aquele que pede recebe; quem procura encontra; e a quem bate, a porta será aberta. Algum de vós que é pai, se o filho pedir um peixe, lhe dará uma cobra? Ou ainda, se pedir um ovo, lhe dará um escorpião? Ora, se vós, que sois maus, sabeis dar coisas boas aos vossos filhos, quanto mais o Pai do céu saberá dar o Espírito Santo aos que lhe pedirem!'" (Lc 11,5-13).

Assim, Jesus nos mostra que Deus tem, sim, preocupação com nossas coisas triviais, desde que não representem algum desejo egoísta e individualista. Vimos, no trecho citado, que o homem pede algo para poder servir a um amigo que está com fome, após chegar de uma viagem. Assim deve ser, quando fazemos pedidos particulares a Deus: pedimos pela saúde do cônjuge e de nossos filhos, ainda que seja uma gripe; pedimos pelo emprego que serve de sustento da casa; pedimos pelo sucesso de algum projeto que beneficie a família; pedimos pelo êxito dos filhos nos estudos e nas empreitadas profissionais, e assim por diante. Pedir para ganhar na loteria não parece ser um bem que se considere diante de Deus, ainda que os objetivos sejam nobres e se proponha a ajudar muitos. Parece que ele espera que nos esforcemos pessoalmente e, portanto, ajuda nessas dimensões da vida. O próprio Jesus nos indica, na oração do Pai-Nosso, a única que ele nos ensinou, que é preciso pedir a Deus aquilo que é necessário a nossa vida. Vejamos isso no trecho do Evangelho segundo São Mateus: "Vós, portanto, orai assim: Pai nosso que estás nos céus, santificado seja o teu nome; venha o teu Reino; seja feita a tua vontade, como no céu, assim também na terra. O pão nosso de cada dia dá-nos hoje. Perdoa as nossas dívidas, assim como nós perdoamos aos que nos devem. E não nos introduzas em tentação, mas livra-nos do Maligno" (Mt 6,9-13).

Depois de glorificar a Deus chamando-o de Pai, cujo nome santo respeitamos, Jesus nos ensina a pedir o Reino e a conformação com os desígnios divinos. Ensina a pedirmos também o sustento diário, o perdão de Deus para nós na medida de nossa misericórdia e a proteção contra as tentações e os males. Não há nada mais humano nem algo tão divino. Por isso, pedidos é algo que Deus espera de nós.

Há os pedidos particulares, como já falamos antes, e há também os pedidos universais: pela Igreja, pelo Papa, pela paz mundial, pela unidade da humanidade etc. Tudo isso é importante!

Mas é bom também agradecermos!

"Caminhando para Jerusalém, Jesus passava entre a Samaria e a Galileia. Estava para entrar num povoado, quando dez leprosos vieram ao seu encontro. Pararam a certa distância e gritaram: 'Jesus, Mestre, tem compaixão de nós!'. Ao vê-los, Jesus disse: 'Ide apresentar-vos aos sacerdotes'. Enquanto estavam a caminho, aconteceu que ficaram curados. Um deles, ao perceber que estava curado, voltou glorificando a Deus em alta voz; prostrou-se aos pés de Jesus e lhe agradeceu. E este era um samaritano. Então Jesus perguntou: 'Não foram dez os curados? E os outros nove, onde estão? Não houve quem voltasse para dar glória a Deus, a não ser este estrangeiro?' E disse-lhe: 'Levanta-te e vai! Tua fé te salvou'" (Lc 17,11-19).

Jesus nos mostra que é preciso ser agradecido pelo que recebemos de Deus. Logo, é bom também não nos esquecermos de que a oração do terço é uma perfeita oportunidade para nos lembrarmos dos dons recebidos e falarmos a Deus o quanto nos sentimos agradecidos por tê-los recebido.

Homens rezando o terço

Quem fizer uma pesquisa sobre o termo "terço dos homens" encontrará muitas referências a ele como um movimento eclesial ou como um serviço pastoral da Igreja, que se acopla aos trabalhos missionários realizados pelas paróquias em todo o Brasil. Em muitos lugares, porém, ainda não existe o Terço dos homens.

No entanto, as referências mais seguras surgem através da internet, a partir de dois sites.

O primeiro site é o <www.terçodoshomens.com.br>, que é o endereço do Terço dos Homens Movimento Mariano, surgido em 1936, em Itabi (SE), por uma iniciativa de Frei Peregrino, conforme depoimento: "O Terço dos homens, como é conhecido, é um movimento criado no dia 8 de setembro de 1936, na cidade de Itabi (SE), por um frade da Ordem dos Frades Menores da cidade de Penedo (AL), que fazia o trabalho missionário em vários municípios do estado de Sergipe e, após visitar vários deles, encontrou em Itabi o apoio para lançar o Terço dos homens, que contou com a presença de 220 homens".[1]

Essa primeira iniciativa, segundo outros testemunhos do site, teve uma adesão bastante grande, e o sentido da tradição piedosa da oração do terço é a motivação fundante. Homens que rezam e pedem a intercessão de Maria Santíssima têm maior chance de achegarem-se a Deus.

O segundo site a que me refiro é o <www.tercodoshomens.org.br>, do Terço dos Homens Mãe Rainha – Movimento

---

[1] Fonte: <www.tercodoshomens.com.br/origemdoterco/a_santa_missao.htm>.

Apostólico de Schoenstatt. Aí encontramos a origem do movimento no Santuário da Mãe Rainha e Vencedora Três Vezes Admirável de Schoenstatt, que está na Diocese de Olinda e Recife. Nesse local, a partir da experiência do movimento, e inspirado em um grupo de homens que rezava em Jaboatão (PE), Padre José Pontes iniciou o trabalho de levar a mensagem da conversão aos homens. Em 1997, no mesmo local, eles começaram a rezar o terço semanalmente, e decidiram assumir o propósito missionário de levar esse serviço a outras paróquias. O movimento caminha em unidade com o Apostolado da Obra de Schoenstatt, cuja organização mundial é bastante difundida aqui no Brasil, tendo diversos santuários construídos e uma grande difusão da Campanha da Mãe Peregrina de Schoenstatt, aquela que leva a presença de Nossa Senhora, através da capelinha, para a oração nos lares.

Além desses dois grandes pilares, na caminhada pastoral observo que aparecem aqui e ali várias outras iniciativas pequenas, que também são válidas.

É bom que os homens rezem o terço, pois a devoção a Maria, Nossa Senhora Mãe de Deus e Mãe da Igreja, não é algo que seja estranho àqueles que têm na mãe terrena um espelho de Maria.

Pode ser que alguns se sintam constrangidos com o encontro no templo para rezar, mas, ao perceberem que somente homens se reúnem ali, muitas dessas reservas cairão. Outra forma de acostumar-se à devoção da oração do terço é rezando sozinho. O roteiro que apresentaremos a seguir pode ser rezado individualmente ou em grupo. Após esse treinamento, fica mais fácil se reunir com outros homens para rezar.

Onde rezar sozinho?

A oração pode ser feita no quarto, na tranquilidade do repouso, desde que se tome o cuidado de não cair no sono. Mas há uma grande vantagem em rezar, por exemplo, na sala de casa, pois os demais membros da família poderão observar o pai rezando. Isso servirá de testemunho de fé e de ajuda na educação dos filhos. Com o tempo e o costume, poder-se-á estimular a oração do terço em família, que será um grande fruto do Terço dos homens.

Há, ainda, outra opção: rezar naqueles momentos em que a solidão nos assola. Às vezes no carro, dirigindo no trânsito; no transporte lotado, onde muitas vezes somos assolados pela indignação, principalmente nas grandes cidades; ao caminharmos na rua... Há momentos em que a oração é nossa única companhia, apesar de estarmos constantemente cercados de gente. Como costumo dizer, nunca antes tivemos tanta gente à nossa volta e estivemos tão conectados, mas, ao mesmo tempo, nunca estivemos tão solitários como neste terceiro milênio.

Onde rezar juntos?

A paróquia ou a comunidade é o lugar ideal para a oração do Terço dos homens. Se em sua paróquia ele já acontece, neste subsídio apresentaremos uma sugestão de roteiro de oração que poderá ajudar a diversificar os encontros.

Rezando o terço

Organizando os encontros do terço

Para que a oração do terço feita em grupo seja mais dinâmica, sugerimos que sejam escolhidos previamente alguns homens entre os presentes:

1. O dirigente da noite.
(Pode ser o coordenador do Terço dos homens ou outra pessoa.)

2. Leitor para as intenções particulares do terço.
(Ele mesmo fará a anotação das intenções.)

3. Cinco leitores para os mistérios.

4. Cinco puxadores dos mistérios.
(Poderão ser os mesmos que proclamaram o mistério.)

Essas pessoas podem e devem ser trocadas a cada encontro.

Estrutura sugerida para o encontro de oração

Saudação inicial

Dirigente: Sejam todos bem-vindos ao nosso encontro. Hoje, vamos rezar juntos a alegria do mistério da encarnação de

Jesus, o Cristo, Filho de Deus e Redentor da humanidade. Ao refletirmos sobre esses cinco mistérios da nossa fé, que possamos compreender um pouco mais a nossa responsabilidade sobre nossa família, sobre nosso relacionamento com a Igreja e, também, a forma piedosa e misericordiosa com a qual devemos agir diante da sociedade.

Neste encontro, queremos também saudar com alegria os novos participantes que se achegaram ao nosso movimento. Sintam-se acolhidos em nosso meio. Iniciemos com um canto.

(Se conveniente, pode-se anunciar os nomes.)

O sinal da cruz

Dirigente: Fomos chamados a nos reunir, em nome do Pai e do Filho e do Espírito Santo.

Todos: Amém!

Dirigente: A graça de Deus, nosso Pai, e do Senhor Jesus Cristo esteja sempre conosco.

Todos: Bendito seja Deus que nos reuniu no amor de Cristo.

Intenções

(Sugerimos que o dirigente recolha por escrito as intenções dos presentes para que sejam lidas por ele ou por outra pessoa designada para esse fim, a fim de evitar costumeiros atrasos.)

Dirigente: Antes de fazermos o oferecimento deste terço, queremos apresentar a Deus, por intermédio de Jesus Cristo e pela mediação intercessora sempre pronta de Maria, Mãe de Deus e nossa Mãe, os nossos pedidos particulares.

(Nesse momento o dirigente lê ou pede que sejam lidas as intenções anotadas.)

Que o Senhor Nosso Deus e Pai possa ouvir e atender nossos pedidos e súplicas, por Jesus Cristo, nosso Senhor, e pela intercessão de nossa Senhora, Maria Santíssima.

Todos: Amém!

Oferecimento

(Todos os presentes rezam juntos a oração do oferecimento do terço.)

Divino Jesus, nós oferecemos este terço que vamos rezar, contemplando os mistérios de nossa redenção. Concedei-nos, pela intercessão gloriosa da Virgem Maria, as virtudes que nos são necessárias para bem rezá-lo e as graças de alcançar as indulgências anexas a esta santa devoção.

Profissão de fé

Dirigente: Nenhuma oração dirigida ao Deus Uno e Trino tem sentido, se não crermos nele, ou se, ao menos, não aceitarmos sua existência. Por isso, sabedores de que Deus existe e que caminha com seu povo, conscientes de nossas palavras, professemos juntos a nossa fé.

(Rezar o Creio, conforme descrito na página 51.)

Dirigente: Rezemos 1 Pai-Nosso, 3 Ave-Marias e o Glória em honra, glória e louvor à Santíssima Trindade.

(Rezar as cinco primeiras contas entre o crucifixo e a medalha do terço.)

Oração dos mistérios

(Para cada dia da semana há um mistério a ser rezado: segunda-feira: mistérios gozosos; terça-feira: mistérios dolorosos; quarta-feira: mistérios gloriosos; quinta-feira:

mistérios luminosos; sexta-feira: mistérios dolorosos; sábado: mistérios gozosos; domingo: mistérios gloriosos. Use o mistério e os comentários correspondentes ao dia a partir da página 27.)

Agradecimento

(Todos rezam juntos o agradecimento do terço.)

Infinitas graças vos damos, soberana Rainha, pelos benefícios que todos os dias recebemos de vossas mãos liberais. Dignai-vos, agora e sempre, tomar-nos debaixo de vosso poderoso amparo, e para mais nos obrigarmos, vos saudamos com uma Salve-Rainha.

(Todos rezam juntos a Salve-Rainha – vide página 51.)

Dirigente: Rogai por nós, Santa Mãe de Deus.

Todos: Para que sejamos dignos das promessas de Cristo.

Ladainha de Nossa Senhora

(Rezar a ladainha da página 52.)

Oração pelas intenções do Santo Padre, o Papa

Dirigente: Antes de concluirmos, rezemos pelas intenções do Santo Padre (nome), para que Deus o atenda em seus pedidos e o confirme sempre à frente de sua Igreja.

(Rezar Pai-Nosso, Ave-Maria e Glória.)

Conclusão do terço

Dirigente: Agradecemos a Deus por mais este encontro de oração e pedimos sua bênção sobre nós, em nome do Pai e do Filho e do Espírito Santo. Amém!

Cantemos o nosso canto final, enquanto nos despedimos.

Jaculatórias

Ó meu Jesus, perdoai-me!

Ó meu Jesus, perdoai-nos, livrai-nos do fogo do inferno, levai as almas todas para o céu e socorrei principalmente aquelas que mais precisarem.

(Nesta jaculatória, encontramos algumas variantes que inserem, ao final, a frase "de vossa infinita misericórdia", entre outras. Assim, de acordo com o costume do lugar, pode-se rezá-la acrescentando-se essa frase.)

Jesus manso e humilde

Jesus manso e humilde de coração, fazei o meu coração semelhante ao vosso.

Ó Maria, concebida sem pecado

Ó Maria, concebida sem pecado, rogai por nós que recorremos a vós.

Mistérios gozosos: segunda-feira e sábado

Leitor 1: No primeiro mistério gozoso, fazemos memória e contemplamos a encarnação do Verbo no ventre da Virgem Maria.

"O anjo entrou onde ela estava e disse: 'Alegra-te, cheia de graça! O Senhor está contigo'. Ela perturbou-se com estas palavras e começou a pensar qual seria o significado da saudação. O anjo, então, disse: 'Não tenhas medo, Maria! Encontraste graça junto a Deus. Conceberás e darás à luz um filho, e lhe porás o nome de Jesus. Ele será grande; será chamado Filho do Altíssimo, e o Senhor Deus lhe dará o trono de Davi, seu pai. Ele reinará para sempre sobre a descendência de Jacó, e o seu reino não terá fim'. Maria, então, perguntou ao anjo: 'Como acontecerá isso, se eu não conheço homem?' O anjo respondeu: 'O Espírito Santo descerá sobre ti, e o poder do Altíssimo te cobrirá com a sua sombra. Por isso, aquele que vai nascer será chamado santo, Filho de Deus. Também Isabel, tua parenta, concebeu um filho na sua velhice. Este já é o sexto mês daquela que era chamada estéril, pois para Deus nada é impossível'. Maria disse: 'Eis aqui a serva do Senhor! Faça-se em mim segundo a tua palavra'. E o anjo retirou-se de junto dela" (Lc 1,28-38).

Foi assim que Nossa Senhora aceitou fazer parte do projeto de Salvação que Deus ofereceu à humanidade. Através desse "sim" de Maria, tudo aconteceu e o mundo nunca mais foi o mesmo. O "faça-se" de Nossa Senhora é uma inspiração para todos nós, porque podemos também dizer "sim" para que "faça-se" em nossa vida o projeto de Deus.

(Rezar Pai-Nosso, 10 Ave-Marias, Glória, jaculatória.)

Leitor 1: Nossa Senhora da Anunciação...

Todos: Rogai por nós.

Leitor 2: No segundo mistério gozoso, fazemos memória e contemplamos a visitação que a Virgem Maria fez a sua parenta Isabel, com quem permaneceu por três meses, até o nascimento de João, o Batista.

"Naqueles dias, Maria partiu apressadamente dirigindo-se a uma cidade de Judá. Ela entrou na casa de Zacarias e saudou Isabel. Quando Isabel ouviu a saudação de Maria, a criança pulou de alegria em seu ventre, e Isabel ficou repleta do Espírito Santo. Com voz forte, ela exclamou: 'Bendita és tu entre as mulheres e bendito é o fruto do teu ventre! Como mereço que a mãe do meu Senhor venha me visitar? Logo que a tua saudação ressoou nos meus ouvidos, o menino pulou de alegria no meu ventre. Feliz aquela que acreditou, pois o que lhe foi dito da parte do Senhor será cumprido!' Maria ficou três meses com Isabel. Depois, voltou para sua casa" (Lc 1,39-45.56).

Servir ao próximo em suas necessidades é uma obrigação de quem crê em Jesus Cristo. Nossa Senhora foi a primeira cristã a realizar essa tarefa. Saiu de seu conforto para ir até uma região distante a fim de atender alguém que dela precisava. Inspiremo-nos nesse exemplo de Maria para, também nós, sairmos de nosso conforto e atendermos e ajudarmos os mais necessitados.

(Rezar Pai-Nosso, 10 Ave-Marias, Glória, jaculatória.)

Leitor 2: Nossa Senhora da Visitação...

Todos: Rogai por nós.

Leitor 3: No terceiro mistério gozoso, fazemos memória e contemplamos o nascimento do menino Jesus, o Cristo Salvador, em Belém de Judá.

"Naqueles dias, saiu um decreto do imperador Augusto mandando fazer o recenseamento de toda a terra – o primeiro recenseamento, feito quando Quirino era governador da Síria. Todos iam registrar-se, cada um na sua cidade. Também José, que era da família e da descendência de Davi, subiu da cidade de Nazaré, na Galileia, à cidade de Davi, chamada Belém, na Judeia, para registrar-se com Maria, sua esposa, que estava grávida. Quando estavam ali, chegou o tempo do parto. Ela deu à luz o seu filho primogênito, envolveu-o em faixas e deitou-o numa manjedoura, porque não havia lugar para eles na hospedaria" (Lc 2,1-7).

Nossa Senhora recebeu o filho em um abrigo improvisado, com o calor de animais, onde o menino teve como primeiro berço um cocho forrado de palha. O amor de Maria e de José o embalaram e lhe deram acolhida. Apesar das dificuldades, também nós podemos fazer de nossa casa um lar para Jesus. Acolher o Filho de Deus em nossa vida significa abrir espaço para o amor.

(Rezar Pai-Nosso, 10 Ave-Marias, Glória, jaculatória.)

Leitor 3: Santa Maria, Mãe de Deus...

Todos: Rogai por nós.

Leitor 4: No quarto mistério gozoso, fazemos memória e contemplamos a apresentação de Jesus no Templo e a purificação da Virgem Maria,[2] conforme a lei mosaica.

"No oitavo dia, quando o menino devia ser circuncidado, deram-lhe o nome de Jesus, como fora chamado pelo anjo antes

[2] Conforme Lv 12,1-8.

de ser concebido no ventre da mãe. E quando se completaram os dias da purificação, segundo a lei de Moisés, levaram o menino a Jerusalém para apresentá-lo ao Senhor, conforme está escrito na Lei do Senhor: 'Todo primogênito do sexo masculino será consagrado ao Senhor'" (Lc 2,21-23).

Nossa Senhora, mesmo sabendo que Jesus era o Filho de Deus, quis cumprir a lei. Isso mostra a humildade e a obediência que todos nós devemos a Deus. Observando o exemplo de Maria, podemos nos motivar a ser mais obedientes aos desígnios de Deus e a nos tornarmos cada dia mais humildes.

(Rezar Pai-Nosso, 10 Ave-Marias, Glória, jaculatória.)

Leitor 4: Santa Maria, Mãe de Jesus...

Todos: Rogai por nós.

Leitor 5: No quinto mistério gozoso, fazemos memória e contemplamos o reencontro da Virgem Maria e de São José com o menino Jesus, que tinha, então, 12 anos. Ele foi achado depois de três dias, no Templo, discutindo a lei com os doutores.

"Quando (Jesus) completou 12 anos, eles foram para a festa, como de costume. Terminados os dias da festa, enquanto eles voltavam, Jesus ficou em Jerusalém, sem que seus pais percebessem. Pensando que se encontrasse na caravana, caminharam um dia inteiro. Começaram então a procurá-lo entre os parentes e conhecidos. Mas, como não o encontrassem, voltaram a Jerusalém, procurando-o. Depois de três dias, o encontraram no Templo, sentado entre os mestres, ouvindo-os e fazendo-lhes perguntas. Todos aqueles que ouviam o menino ficavam maravilhados com sua inteligência e suas respostas. Quando o viram, seus pais ficaram comovidos, e sua mãe lhe disse: 'Filho, por que agiste assim conosco? Olha, teu pai e eu estávamos, angustiados, à tua procura!' Ele respondeu: 'Por que me procuráveis? Não sabíeis que eu devo estar naquilo que é de meu Pai?'" (Lc 2,42-49).

Nossa Senhora e São José desencontram-se do menino Jesus. Somente depois de um dia, eles percebem que o filho havia desaparecido. Mas não há discussão. Não há procura de um "culpado" pelo esquecimento do menino. Também nós podemos tirar um exemplo de vida desse episódio da Sagrada Família: em vez de discutir responsabilidades, agir de forma a solucionar os problemas de nossa vida.

(Rezar Pai-Nosso, 10 Ave-Marias, Glória, jaculatória.)

Leitor 4: Santa Maria, Mãe da Divina Graça...

Todos: Rogai por nós.

Mistérios luminosos: quinta-feira

Leitor 1: No primeiro mistério luminoso, fazemos memória e contemplamos o batismo de Jesus.

"Naqueles dias, Jesus veio de Nazaré da Galileia e foi batizado por João, no rio Jordão. Logo que saiu da água, viu o céu rasgar-se e o Espírito, como pomba, descer sobre ele. E do céu veio uma voz: 'Tu és o meu Filho amado; em ti está o meu agrado'" (Mc 1,9-11).

O ministério de Jesus somente tem início após seu batismo e seu retiro de quarenta dias no deserto. Como Filho de Deus, Jesus não precisava do batismo de conversão de João Batista, mas, para não causar escândalo e dar o exemplo, ele se deixa batizar. A obediência filial agrada ao Pai, que se pronuncia chamando-o de Filho amado. Pelo batismo, também somos convidados a ser filhos amados de Deus Pai. Para isso, basta que vivamos como batizados, amando a Deus sobre todas as coisas e ao próximo como a nós mesmos. Assim, faremos parte dos discípulos de Cristo.

(Rezar Pai-Nosso, 10 Ave-Marias, Glória, jaculatória.)

Leitor 1: Jesus, manso e humilde de coração...

Todos: Fazei nosso coração semelhante ao vosso.

Leitor 2: No segundo mistério luminoso, fazemos memória e contemplamos a autorrevelação de Jesus nas bodas de Caná.

"No terceiro dia, houve um casamento em Caná da Galileia, e a mãe de Jesus estava lá. Também Jesus e seus discípulos foram convidados para o casamento. Faltando o vinho, a mãe de Jesus lhe disse: 'Eles não têm vinho!' Jesus lhe respondeu: 'Mulher, para que me dizes isso? A minha hora ainda não chegou'. Sua mãe disse aos que estavam servindo: 'Fazei tudo o que ele vos disser!' Estavam ali seis talhas de pedra, de quase cem litros cada, destinadas às purificações rituais dos judeus. Jesus disse aos que estavam servindo: 'Enchei as talhas de água!' E eles as encheram até à borda. Então disse: 'Agora, tirai e levai ao encarregado da festa'. E eles levaram. O encarregado da festa provou da água mudada em vinho, sem saber de onde viesse, embora os serventes que tiraram a água o soubessem" (Jo 2,1-9a).

Jesus inicia seu ministério na ocasião das bodas em Caná. Esse início teve a participação de Maria Santíssima, que advertiu os que serviam na festa para que seguissem as instruções de Jesus. Hoje, todos nós, seguidores do Cristo, devemos estar atentos para fazer a vontade dele. O ministério terreno de Jesus terminou com sua ascensão aos céus, e a nossa missão de discípulos e servos é continuar o que o Senhor iniciou.

(Rezar Pai-Nosso, 10 Ave-Marias, Glória, jaculatória.)

Leitor 2: Jesus, manso e humilde de coração...

Todos: Fazei nosso coração semelhante ao vosso.

Leitor 3: No terceiro mistério luminoso, fazemos memória e contemplamos o anúncio do Reino de Deus convidando à conversão.

"'Não se perturbe o vosso coração! Credes em Deus, crede também em mim. Na casa de meu Pai há muitas moradas. Não fosse assim, eu vos teria dito. Vou preparar um lugar para vós. E depois que eu tiver ido e preparado um lugar para vós, voltarei e vos levarei comigo, a fim de que, onde eu estiver, estejais vós também. E para onde eu vou, conheceis o caminho'. Tomé disse: 'Senhor, não sabemos para onde vais. Como podemos conhecer o caminho?' Jesus respondeu: 'Eu sou o Caminho, a Verdade e a Vida. Ninguém vai ao Pai senão por mim'" (Jo 14,1-6).

O ministério de Jesus foi a passagem do Deus vivo e verdadeiro pelo meio do povo anunciando o amor, a misericórdia, o perdão dos pecados e a abertura do Reino dos Céus para todos os que fizessem a vontade do Pai. Em suas palavras e em seus gestos, deixou claro como deve viver aquele que deseja alcançar a vida eterna com Deus. Mas não é fácil seguir Jesus – o caminho. Nem tão pouco é fácil deixar de lado nossas mentiras para abraçar Jesus-Verdade (cf. DAp, 137). Por isso, é preciso abrirmo-nos ao Espírito Santo para que Jesus-Vida possa se revelar em nós, ao doarmos nossa vida aos irmãos.

(Rezar Pai-Nosso, 10 Ave-Marias, Glória, jaculatória.)

Leitor 3: Jesus, manso e humilde de coração...

Todos: Fazei nosso coração semelhante ao vosso.

Leitor 4: No quarto mistério luminoso, fazemos memória e contemplamos a transfiguração de Jesus.

"Seis dias depois, Jesus levou consigo Pedro, Tiago e João, seu irmão, e os fez subir a um lugar retirado, numa alta montanha. E foi transfigurado diante deles: seu rosto brilhou como o sol e suas roupas ficaram brancas como a luz. Nisto apareceram-lhes Moisés e Elias, conversando com Jesus. Pedro, então, tomou a palavra e lhe disse: 'Senhor, é bom ficarmos aqui. Se queres, vou fazer aqui três tendas: uma para ti, uma para Moisés e outra para Elias'. Ainda estava falando, quando uma nuvem luminosa os cobriu com sua sombra. E, da nuvem, uma voz dizia: 'Este é o meu filho amado, nele está meu pleno agrado: escutai-o!'" (Mt 17,1-5).

Jesus revela a seus discípulos a sua glória. Ele é verdadeiramente o Filho de Deus. É certo que, mesmo depois dessa manifestação, seus discípulos sentirão fraqueza diante da dura perseguição em Jerusalém, que terminou com a crucificação do Mestre. Estar diante da manifestação de Deus em nossa vida, portanto, não quer dizer que todos os nossos problemas serão resolvidos, mas que podemos ter certeza do encontro com aquele que nos pode ajudar a superar nossas dificuldades.

(Rezar Pai-Nosso, 10 Ave-Marias, Glória, jaculatória.)

Leitor 4: Jesus, manso e humilde de coração...

Todos: Fazei nosso coração semelhante ao vosso.

Leitor 5: No quinto mistério luminoso, fazemos memória e contemplamos a instituição da Eucaristia.

"Quando chegou a hora, Jesus pôs-se à mesa com os apóstolos e disse: 'Ardentemente desejei comer convosco esta ceia pascal, antes de padecer. Pois eu vos digo que não mais a comerei, até que ela se realize no Reino de Deus'. Então pegou o cálice, deu graças e disse: 'Recebei este cálice e fazei passar entre vós; pois eu vos digo que, de agora em diante, não mais beberei do fruto da videira, até que venha o Reino de Deus'. A seguir, tomou o pão, deu graças, partiu-o e lhes deu, dizendo: 'Isto é o meu corpo, que é dado por vós. Fazei isto em memória de mim'. Depois da ceia, fez o mesmo com o cálice, dizendo: 'Este cálice é a nova aliança no meu sangue, que é derramado por vós'" (Lc 22,14-20).

A vida de Jesus entre os seus apóstolos e discípulos, e entre os tantos outros que o acompanharam desde a Galileia até Jerusalém, foi feita de encontros, compaixão e perdão dos pecados, pregações, curas e ressurreições. E também de encontros de alegria, como nas bodas em Caná e nos diversos jantares. Sua presença terrena marcou a humanidade. Ao cear pela última vez com os seus, ele desejou permanecer no meio deles e também no meio de nós. E por isso nos deixou seu Corpo e Sangue na Eucaristia: para que jamais o esqueçamos e para que possamos encontrá-lo, reunidos na missa, celebrando como irmãos.

(Rezar Pai-Nosso, 10 Ave-Marias, Glória, jaculatória.)

Leitor 5: Jesus, manso e humilde de coração...

Todos: Fazei nosso coração semelhante ao vosso.

Mistérios dolorosos: terça e sexta-feira

Leitor 1: No primeiro mistério doloroso, fazemos memória e contemplamos a agonia de Jesus no horto das Oliveiras.

"Jesus saiu e, como de costume, foi para o monte das Oliveiras. Os discípulos o acompanharam. Chegando ao lugar, Jesus lhes disse: 'Orai para não cairdes em tentação'. Então afastou-se dali, à distância de um arremesso de pedra, e, de joelhos, começou a orar. 'Pai, se quiseres, afasta de mim este cálice; contudo, não seja feita a minha vontade, mas a tua!' Apareceu-lhe um anjo do céu, que o fortalecia. Entrando em agonia, Jesus orava com mais insistência. Seu suor tornou-se como gotas de sangue que caíam no chão" (Lc 22,39-44).

A agonia de Jesus, nosso Salvador, era imensa! Porém, também era sem medida a sua obediência ao Pai, a ponto de deixar-se levar pelo Plano da Redenção, ainda que soubesse o quanto seria doloroso e mortal. Esse sentido da vida, que constrói laços através dos encontros com as pessoas, e da morte, que leva à redenção e ao cumprimento do projeto de Deus, deve ser refletido por todos nós. Apesar de temermos a morte, roguemos sempre a Deus Todo-Poderoso para que se cumpra em nós a vontade dele.

(Rezar Pai-Nosso, 10 Ave-Marias, Glória, jaculatória.)

Leitor 1: Nossa Senhora das Dores...

Todos: Rogai por nós.

Leitor 2: No segundo mistério doloroso, fazemos memória e contemplamos a flagelação de Jesus.

"Pilatos, então, mandou açoitar Jesus" (Jo 19,1).

"E começaram a saudá-lo: 'Salve, rei dos judeus!' Batiam na sua cabeça com uma vara, cuspiam nele e, dobrando os joelhos, se prostravam diante dele" (Mc 15,18-19).

"Cuspiram nele e, pegando a vara, bateram-lhe na cabeça" (Mt 27,30).

O Cristo sofreu toda essa humilhação por causa de nossos pecados. A flagelação dilacerou seu corpo e o enfraqueceu. Depois disso, a cruz lhe seria ainda mais pesada e a caminhada até o Calvário, muito mais difícil. Mas ele resistiu e seguiu. Tomaria sobre os ombros a cruz de nossos pecados e a levaria até o fim. A dor, que às vezes nos parece absurda, pode ser motivo para desânimo, para desejarmos largar tudo e nos entregarmos antes da hora. Mas, se confiarmos em Deus, como Jesus confiou, é possível superar os momentos de dor lancinante e seguirmos até o nosso destino final.

(Rezar Pai-Nosso, 10 Ave-Marias, Glória, jaculatória.)

Leitor 2: Nossa Senhora do Perpétuo Socorro...

Todos: Rogai por nós.

Leitor 3: No terceiro mistério doloroso, fazemos memória e contemplamos a Jesus, que é coroado de espinhos.

"Em seguida, os soldados do governador levaram Jesus ao pretório e reuniram todo o batalhão em volta dele. Tiraram-lhe a roupa e o vestiram com um manto vermelho; depois trançaram uma coroa de espinhos, puseram-na em sua cabeça, e uma vara em sua mão direita. Então se ajoelharam diante de Jesus e zombavam, dizendo: 'Salve, rei dos judeus!'" (Mt 27,27-29).

Quanta humilhação teve de suportar o nosso Salvador. Quanto desprezo dos homens! Aquele que viveu somente para fazer o bem, recebeu a paga de um criminoso odiado. Despejaram nele toda a ira gerada pela tensão política e social de seu tempo. Jesus foi coroado de espinhos e flagelado para servir de exemplo a todos que desejam lutar contra a exploração dos mais fracos e a injustiça. Mas Jesus não era rei deste mundo, e, ainda assim, nos mostrou como devemos fazer a justiça do Reino dele brotar já aqui em nosso mundo.

(Rezar Pai-Nosso, 10 Ave-Marias, Glória, jaculatória.)

Leitor 3: Nossa Senhora dos Aflitos...

Todos: Rogai por nós.

Leitor 4: No quarto mistério doloroso, fazemos memória e contemplamos a Jesus, que carrega a cruz para o monte Calvário.

"Carregando sua cruz, ele saiu para o lugar chamado Calvário (em hebraico: Gólgota)" (Jo 19,17).

"Enquanto levavam Jesus, pegaram um certo Simão, de Cirene, que voltava do campo, e mandaram-no carregar a cruz atrás de Jesus. Seguia-o uma grande multidão do povo, bem como de mulheres que batiam no peito e choravam por ele. Jesus, porém, voltou-se para elas e disse: 'Mulheres de Jerusalém, não choreis por mim! Chorai por vós mesmas e por vossos filhos! Pois, se fazem assim com a árvore verde, o que não farão com a árvore seca?'" (Lc 23,26-28.31).

Jesus, cansado, ferido, enfraquecido pela tortura e exausto, toma sobre seus ombros a cruz, mas fraqueja. Não deverá chegar ao Calvário. Então, Simão, o Cireneu, é convocado para ajudá-lo.

Enquanto caminha, encontra e consola as mulheres de seu povo. Embora possamos pensar que suas palavras sejam duras, na verdade há nelas um tom de esperança que afirma: "suportem o sofrimento, porque se o Filho de Deus assim sofreu e venceu, também vocês poderão sofrer e vencer". Ainda hoje, se bem refletirmos, Jesus consola cada um de nós em nossa caminhada dolorida de quem carrega sobre os ombros a cruz da vida.

(Rezar Pai-Nosso, 10 Ave-Marias, Glória, jaculatória.)

Leitor 4: Nossa Senhora da Consolação...

Todos: Rogai por nós.

Leitor 5: No quinto mistério doloroso, fazemos memória e contemplamos a crucificação de Jesus e sua morte.

"Quando chegaram ao lugar chamado Calvário, ali crucificaram Jesus e os malfeitores: um à sua direita e outro à sua esquerda. Jesus dizia: 'Pai, perdoa-lhes! Eles não sabem o que fazem!' Repartiram então suas vestes tirando a sorte. Acima dele havia um letreiro: 'Este é o Rei dos Judeus'. Já era mais ou menos meio-dia, e uma escuridão cobriu toda a terra até às três da tarde, pois o sol parou de brilhar. O véu do Santuário rasgou-se pelo meio, e Jesus deu um forte grito: 'Pai, em tuas mãos entrego o meu espírito'. Dizendo isto, expirou" (Lc 23,33-34.38.44-46).

Jesus morreu na cruz pela nossa salvação! O que isso significa? Significa que agora podemos fazer o que quisermos, porque, se ele morreu por nós, então não existe mais pecado? Ou significa que agora automaticamente o mundo mudou e todos são bons? Sabemos que não é assim. A morte de Jesus, o Cristo, naquela cruz no alto do monte Calvário, significa que todos nós que assumimos viver como ele viveu também teremos nossas dores e que nossa morte também poderá ser para uma ressurreição para a vida eterna. Basta, para tanto, que imitemos as atitudes de Jesus, principalmente no amor ao próximo, na caridade, na misericórdia e na compaixão e, sobretudo, na oferta do perdão. Somente quando agimos dessa forma, fazemos com que a morte do Senhor por nós não tenha sido em vão. Somente vivendo como ele viveu, temos a certeza de passarmos pela cruz e chegarmos à ressurreição como ele o fez.

(Rezar Pai-Nosso, 10 Ave-Marias, Glória, jaculatória.)

Leitor 5: Nossa Senhora da Boa Morte...

Todos: Rogai por nós.

Mistérios gloriosos: quarta-feira e domingo

Leitor 1: No primeiro mistério glorioso, fazemos memória e contemplamos a ressurreição de Jesus.

"Então o anjo falou às mulheres: 'Vós não precisais ter medo! Sei que procurais Jesus, que foi crucificado. Ele não está aqui! Ressuscitou, como havia dito! Vinde ver o lugar em que ele estava. Ide depressa contar aos discípulos: 'Ele ressuscitou dos mortos e vai à vossa frente para a Galileia. Lá o vereis. É o que tenho a vos dizer'. E saindo às pressas do túmulo, com sentimentos de temor e de grande alegria, correram para dar a notícia aos discípulos" (Mt 28,5-8).

Jesus ressuscitou! Nem mesmo a morte foi capaz de aprisionar o amor de Deus! A esperança que estava enterrada no coração dos discípulos foi trazida para a luz. Não para uma luz qualquer, mas para a verdadeira Luz que emana do Ressuscitado. Ao deixar o sepulcro vazio, o Senhor Jesus deseja que também deixemos nossa situação de morte, provinda de nossas amarras ao pecado. Ele segue à nossa frente para mostrar que o Reino é para todos que desejam se converter, independentemente do tamanho do pecado cometido. É Jesus a misericórdia do Pai, que se faz Caminho de Salvação, a única Verdade possível e a Vida plena.

(Rezar Pai-Nosso, 10 Ave-Marias, Glória, jaculatória.)

Leitor 1: Nossa Senhora da Glória...

Todos: Rogai por nós.

Leitor 2: No segundo mistério glorioso, fazemos memória e contemplamos a ascensão de Jesus aos céus.

"Então Jesus levou-os para fora da cidade, até perto de Betânia. Ali ergueu as mãos e abençoou-os. E enquanto os abençoava, afastou-se deles e foi elevado ao céu. Eles o adoraram. Em seguida voltaram para Jerusalém, com grande alegria, e estavam sempre no Templo, bendizendo a Deus" (Lc 24,50-53).

Jesus subiu aos céus. Mas ele não nos abandonou, de maneira alguma! O Senhor deveria voltar para o lugar de onde saiu: a Casa do Pai. Casa onde ele nos foi preparar um lugar (cf. Jo 14,1-3). Eis a nossa fé! A ida de Cristo para seu lugar de direito, ao lado do Pai, é mais um alento de esperança para todos nós, para que não fiquemos fracos e desanimados diante do mundo. Mas para que possamos anunciar a Boa-Nova e lutar por dias melhores, com mais amor e justiça.

(Rezar Pai-Nosso, 10 Ave-Marias, Glória, jaculatória.)

Leitor 2: Nossa Senhora da Esperança...

Todos: Rogai por nós.

Leitor 3: No terceiro mistério glorioso, fazemos memória e contemplamos a descida do Espírito Santo sobre Nossa Senhora e os apóstolos no cenáculo.

"Todos eles perseveravam na oração em comum, junto com algumas mulheres – entre elas, Maria, mãe de Jesus – e com os irmãos dele. Quando chegou o dia de Pentecostes, os discípulos estavam todos reunidos no mesmo lugar. De repente, veio do céu um ruído como de um vento forte, que encheu toda a casa em que se encontravam. Então apareceram línguas como de fogo que se repartiram e pousaram sobre cada um deles. Todos ficaram cheios do Espírito Santo e começaram a falar em outras línguas, conforme o Espírito lhes concedia expressar-se" (At 1,14–2,1-4).

Deus Pai e seu Filho único, Jesus Cristo, não poderiam deixar sem amparo todos os que desde os primeiros dias do ministério do Redentor o haviam seguido. Da Galileia até Jerusalém, muitos o ouviram, ajudaram-no e a ele aceitaram como Messias. Após a ascensão, veio o Espírito de Deus, que irá caminhar com a Igreja até a segunda vinda do Senhor. E ninguém melhor do que aquela que engravidou da Palavra, por ação do Espírito, para estar presente naquele momento: Maria Santíssima. O Espírito Santo está conosco e precisamos confiar cada vez mais em sua ação para que possamos caminhar como Igreja – Povo de Deus – e estar prontos para o Reino.

(Rezar Pai-Nosso, 10 Ave-Marias, Glória, jaculatória.)

Leitor 3: Nossa Senhora Rainha dos Apóstolos...

Todos: Rogai por nós.

Leitor 4: No quarto mistério glorioso, fazemos memória e contemplamos a assunção de Nossa Senhora aos céus.

"Assim como a ressurreição gloriosa de Cristo constituiu parte essencial e último troféu desta vitória, assim também a vitória de Maria Santíssima, comum com a do seu Filho, devia terminar pela glorificação do seu corpo virginal. Pois, como diz ainda o apóstolo, 'quando... este corpo mortal se revestir da imortalidade, então se cumprirá o que está escrito: a morte foi absorvida na vitória'" (1Cor 15,14) (MD, 39).

Maria Santíssima, desde os primeiros tempos da Igreja, é tratada como Mãe de Deus. E, de fato, ela o é. Concebida sem pecado para ser a Mãe do Cristo, manteve intacta sua virgindade antes e depois do nascimento de Jesus e, após sua vida na terra, onde fez a vontade de Deus, foi levada de corpo e alma para os céus. Três grandes dogmas que a Igreja proclama e que todo fiel que segue o Evangelho e mantém a fé no Deus Trino jamais negará. Maria Santíssima é nossa intercessora e também a mantenedora de nossa esperança no Juízo Final e na Ressurreição que também nós poderemos alcançar.
(Rezar Pai-Nosso, 10 Ave-Marias, Glória, jaculatória.)

Leitor 4: Nossa Senhora da Assunção...

Todos: Rogai por nós.

Leitor 5: No quinto mistério glorioso, fazemos memória e contemplamos a coroação de Maria Santíssima como Rainha do Céu e da Terra.

"Deste modo, a augustíssima Mãe de Deus, associada a Jesus Cristo de modo insondável desde toda a eternidade 'com um único decreto'[1] de predestinação, imaculada na sua concepção, sempre virgem, na sua maternidade divina, generosa

[1] Bula *Ineffabilis Deus*, l.c, p. 599.

companheira do divino Redentor que obteve triunfo completo sobre o pecado e suas consequências, alcançou por fim, como suprema coroa dos seus privilégios, que fosse preservada da corrupção do sepulcro, e que, à semelhança do seu divino Filho, vencida a morte, fosse levada em corpo e alma ao céu, onde refulge como Rainha à direita do seu Filho, Rei imortal dos séculos" (cf. 1Tm 1,17) (MD, 40).

Maria é a Mãe de Deus. Jesus é rei. Logo, sua mãe é rainha. Maria é a Rainha dos Apóstolos. Maria é a Rainha da Paz e da Misericórdia. Mas, sobretudo, Maria é nossa Mãe. E é a Nossa Senhora. Assim, sabemos que a ela tudo devemos, porque, se é Nossa Senhora, então somos seus servos. E os servos de Maria servem aos filhos de Deus. Assim como ela se declarou "serva do Senhor", também nós, súditos dessa rainha, devemos ser servos do Senhor Deus.

(Rezar Pai-Nosso, 10 Ave-Marias, Glória, jaculatória.)

Leitor 5: Nossa Senhora, Rainha da Paz...

Todos: Rogai por nós.

Orações

Creio[1]

Creio em Deus Pai todo-poderoso, criador do céu e da terra. E em Jesus Cristo, seu único Filho, nosso senhor, que foi concebido pelo poder do Espírito Santo; nasceu da Virgem Maria; padeceu sob Pôncio Pilatos, foi crucificado, morto e sepultado; desceu à mansão dos mortos; ressuscitou ao terceiro dia; subiu aos céus, está sentado à direita de Deus Pai todo-poderoso, de onde há de vir julgar os vivos e os mortos.

Creio no Espírito Santo, na santa Igreja Católica, na comunhão dos santos, na remissão dos pecados, na ressurreição da carne, na vida eterna. Amém.

Salve-Rainha

Salve, Rainha, Mãe de misericórdia, vida, doçura, esperança nossa, salve! A vós bradamos, os degredados filhos de Eva, a vós suspiramos, gemendo e chorando neste vale de lágrimas. Eia, pois, Advogada nossa, esses vossos olhos misericordiosos à nós

---

[1] É assim chamado porque diz a tradição que foram os próprios apóstolos que pronunciaram cada uma das verdades da fé que o compõem

volvei, e depois deste desterro mostrai-nos Jesus, bendito fruto de vosso ventre, ó clemente, ó piedosa, ó doce sempre Virgem Maria.

Dirigente: Rogai por nós, santa Mãe de Deus.

Todos: Para que sejamos dignos das promessas de Cristo.

Ladainha de Nossa Senhora

Todos: Senhor, tende piedade de nós.

Todos: Jesus Cristo, tende piedade de nós.

Todos: Senhor, tende piedade de nós.

(O dirigente reza e todos respondem.)

Jesus Cristo, ouvi-nos. *Jesus Cristo, atendei-nos.*

Pai celeste, que sois Deus, *Tende piedade de nós.*

Filho, Redentor do mundo, que sois Deus, *Tende piedade de nós.*

Espírito Santo, que sois Deus, *Tende piedade de nós.*

Santíssima Trindade, que sois um só Deus, *Tende piedade de nós.*

Santa Maria, *Rogai por nós.*

Santa Mãe de Deus, *Rogai por nós.*

Santa Virgem das virgens, *Rogai por nós.*

Mãe de Jesus Cristo, *Rogai por nós.*

Mãe da Divina Graça, *Rogai por nós.*

Mãe puríssima, *Rogai por nós.*

Mãe castíssima, *Rogai por nós.*

Mãe intacta, *Rogai por nós.*
Mãe intemerata, *Rogai por nós.*
Mãe amável, *Rogai por nós.*
Mãe admirável, *Rogai por nós.*
Mãe do bom conselho, *Rogai por nós.*
Mãe do Criador, *Rogai por nós.*
Mãe do Salvador, *Rogai por nós.*
Mãe da Igreja, *Rogai por nós.*
Virgem prudentíssima, *Rogai por nós.*
Virgem venerável, *Rogai por nós.*
Virgem louvável, *Rogai por nós.*
Virgem poderosa, *Rogai por nós.*
Virgem clemente, *Rogai por nós.*
Virgem fiel, *Rogai por nós.*
Espelho de justiça, *Rogai por nós.*
Sede da sabedoria, *Rogai por nós.*
Causa da nossa alegria, *Rogai por nós.*
Vaso espiritual, *Rogai por nós.*
Vaso honorífico, *Rogai por nós.*
Vaso insigne de devoção, *Rogai por nós.*
Rosa mística, *Rogai por nós.*
Torre de Davi, *Rogai por nós.*
Torre de marfim, *Rogai por nós.*
Casa de ouro, *Rogai por nós.*
Arca da aliança, *Rogai por nós.*
Porta do céu, *Rogai por nós.*

Estrela da manhã, *Rogai por nós.*
Saúde dos enfermos, *Rogai por nós.*
Refúgio dos pecadores, *Rogai por nós.*
Consoladora dos aflitos, *Rogai por nós.*
Auxílio dos cristãos, *Rogai por nós.*
Rainha dos anjos, *Rogai por nós.*
Rainha dos patriarcas, *Rogai por nós.*
Rainha dos profetas, *Rogai por nós.*
Rainha dos apóstolos, *Rogai por nós.*
Rainha dos mártires, *Rogai por nós.*
Rainha dos confessores, *Rogai por nós.*
Rainha das virgens, *Rogai por nós.*
Rainha de todos os santos, *Rogai por nós.*
Rainha concebida sem pecado original,
Rogai por nós.
Rainha assunta ao céu, *Rogai por nós.*
Rainha do sacratíssimo rosário, *Rogai por nós.*
Rainha da família, *Rogai por nós.*
Rainha da paz, *Rogai por nós.*
Cordeiro de Deus, que tirais o pecado do mundo,
Perdoai-nos, Senhor.
Cordeiro de Deus, que tirais o pecado do mundo,
Ouvi-nos, Senhor.
Cordeiro de Deus, que tirais o pecado do mundo,
Tende piedade de nós.

Dirigente: Rogai por nós, Santa Mãe de Deus.

Todos: Para que sejamos dignos das promessas de Cristo.

À vossa proteção (Sub tuum praesidium)

À vossa proteção recorremos, santa Mãe de Deus. Não desprezeis as nossas súplicas em nossas necessidades, mas livrai-nos sempre de todos os perigos, ó Virgem gloriosa e bendita. Amém.